Historias maravillosas de un país mágico
Marvellous stories of a magical country
Howly el Aullador
Howly the Howler

Howly es un mono aullador,

vive en el último piso del bosque tropical

(la copa de los árboles)

Howly is a Howler monkey,

he lives in the last floor of the tropical forest

(canopy)

Vive con sus padres, hermanos y hermanas,

ellos juegan y aprenden todos los días que salen al bosque.

He lives with his parents and siblings,

they play and learn everyday they go out into the forest

Algunos animales se molestan por el sonido que
hacen los ahulladores. El papá de Howly se ve aterrador
y su aullido aún más

Some animals get upset because of the noise
the Howler monkeys make. Howly's dad looks scary
and his howl is even scarier.

La realidad es que deben comunicarse con sus familiares

que viven a muy largas distancias, pero los otros animales

no pueden ver desde abajo del bosque.

In reality, they need to comunicate with their relatives

that live far away, but other animals

can't see from below the forest.

Algunas personas han cortado los bosques,

entonces el papá de Howly grita más fuerte

para poder saludar a sus familiares y amigos.

Some people have cut the forests

so Howly's dad scream louder

to say hello to family and friends.

Para disculparse, Howly y su familia comparten algunas frutas,

con otros animales que no pueden alcanzarlas de los lugares mas altos

en los árboles . Así, todos en el bosque pueden comer.

As an apology, Howly and his family share some fruits

with the other animals that cannot reach them from the higher places

on the trees. So that way everyone in the forest can eat something.

Howler Monkey Facts

Datos sobre los Monos Aulladores

There are 14 species of
howler monkeys in Latinamerica

Hay 14 especies de
mono aullador en Latinamérica

Howler Monkeys are one
of the biggest monkeys in Latinamerica

Los Monos aulladores son unos
de los monos más grandes de Latinamérica

Howler monkey
Mono aullador

Pigmey Marmose
tití pigmeo

Males have special anatomy so they can speak out loud

Los machos tienen una anatomía especial para poder aullar muy fuerte

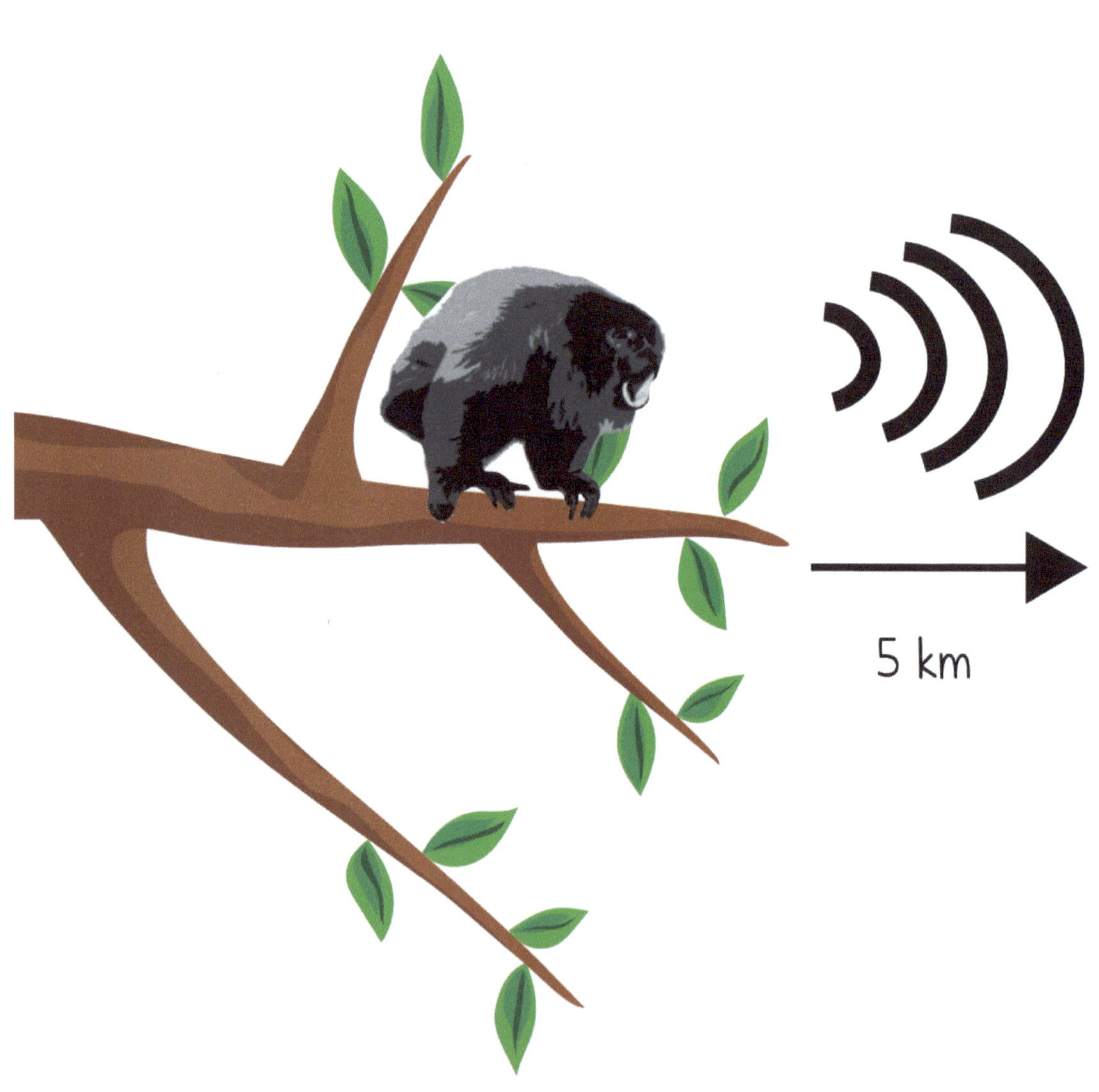

5 km

Some of the species are vulnerable or endangered

the biggest threats are hunting, habitat loss and deforestation.

Algunas de las especies son vulnerables o están en peligro

las mayores amenazas son la caza, pérdida de hábitad y deforestación

Would you like to be Howly for a moment?

Te gustaria ser Howly por un momento?

Cut the mask out and try to imitate Howler monkeys sound

Corta la máscara y trata de imitar el sonido de los monos aulladores

UUUUU UUUUU UUUUU

Howly's mask
Cut along outside line

Historias maravillosas de un país mágico
Marvellous stories of a magical country

Howly el Aullador
Howly the Howler

Howly and his family teach us about being tolerant
and understanding of other's differences, we need to
learn to coexist with other beings and respect
other's rights of space enjoyment.

Howly y su familia nos enseñan a ser tolerantes
y entender las diferencias de los demás, necesitamos
aprender a convivir con otros seres y respetar
derechos de otro sobre el disfrute del espacio.

For more fun stories of the jungle visit:

Para más historias divertidas de la selva visita:

https://www.junglejournals.soniacamargo.com/